¿PARA QUÉ ESTOY AQUÍ EN LA TIERRA?

RICK WARREN

¿PARA QUÉ ESTOY AQUÍ EN LA TIERRA?

SEIS SESIONES PARA GRUPOS PEQUEÑOS O PARA ESTUDIOS INDIVIDUALES

La misión de Editorial Vida es ser la compañía líder en satisfacer las necesidades de las personas con recursos cuyo contenido glorifique al Señor Jesucristo y promueva principios bíblicos.

¿Para Qué Estoy Aquí en la Tierra? – Guía de estudio

Edición en español publicada por
Editorial Vida – 2013
Miami, Florida

© 2013 Rick Warren

Publicado en inglés bajo el título:
What On Earth Am I Here For?, Study Guide
© 2012 Rick Warren
1 Saddleback Parkway, Lake Forest, CA 92630

Traducción y edición: *Angélica Vanegas*

ISBN: 978-0-8297-6379-9

Categoría: Educación cristiana / Adultos

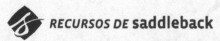

RECURSOS DE saddleback

TABLA DE CONTENIDO

UNA NOTA PARA LOS ANFITRIONES DEL GRUPO

Este estudio con video está diseñado para ser utilizado en un grupo pequeño de amigos, en casa, en el trabajo, o en la iglesia. Si todavía no estás en un grupo pequeño, ¡inicia el tuyo! Es fácil.

Cómo Empezar un Grupo Pequeño

No tienes que ser un maestro. No necesitas ninguna capacitación formal. Ni siquiera necesitas experiencia en un grupo pequeño. Solo debes mantener las siguientes cuatro recomendaciones en mente, y podrás tener éxito:

Tener un corazón para la gente.

Abrir tu casa a un grupo de amigos que quieran estudiar contigo.

Servirles un refrigerio.

Encender el DVD. Los videos de las seis sesiones de Rick Warren proporcionarán la enseñanza para cada semana del estudio.

Si puedes poner en práctica estas cuatro recomendaciones, entonces podrás ser el anfitrión de tu propio grupo pequeño. Todo el material y las instrucciones que necesitas se proporcionan en esta guía de estudio. No es necesaria la experiencia, así que ¡disfruta el viaje!

Por favor, no te sientas obligado a responder todas las preguntas de cada sesión. No hay ninguna necesidad de apresurar tu travesía por el material. Si tu grupo solo tiene tiempo para hablar de lo que están aprendiendo en el libro *Una Vida con Propósito* y ver el video de la lección juntos, está bien. Lo más importante es que los miembros del grupo tengan el tiempo para dejar que Dios trabaje en sus vidas. Por lo tanto, con toda libertad, selecciona las preguntas que consideres correctas para tu grupo.

Para más información y consejos sobre cómo acoger a un grupo pequeño, mira la sección **Ayuda para Anfitriones** en la página 64.

ENTENDIENDO TU GUÍA DE ESTUDIO

Aquí está una breve explicación de las características de esta guía de estudio.

Ponte al Día: Cada reunión se abre hablando brevemente de una o dos preguntas que ayudarán a enfocar la atención de todos los asistentes en el tema de la lección.

Versículo para Memorizar: Cada semana se encontrará un versículo bíblico clave para memorizar en grupo. Si alguno de los participantes tuviera una traducción diferente de la Biblia, que se lea en voz alta. De esta manera el grupo puede obtener un panorama más amplio del significado del pasaje.

Video de la Lección: Hay un video de la lección para que lo vean juntos cada semana. Los espacios en blanco de la guía de estudio se llenan como se muestra en el video. Asegúrense de referirse de nuevo a estas notas durante el momento de la discusión en grupo.

Preguntas para Descubrir: Cada segmento del video se complementa con varias preguntas para discutir en grupo. Por favor no se sientan presionados de discutir cada una de las preguntas. No hay razón para apurarse en medio de las respuestas. Se debe dar a cada uno la oportunidad de compartir ampliamente sus pensamientos. Si no se consigue ir a través de todas las preguntas para descubrir, está bien.

Vivamos con Propósito: No queremos ser solo oidores de la Palabra. También debemos ser hacedores de la Palabra. Esta sección del estudio contiene ejercicios de aplicación que ayudarán al grupo a aplicar lo que están aprendiendo. Asegúrense de dejar tiempo cada semana para este material.

Profundicemos: Esta sección contiene la tarea de lectura semanal de *Una Vida con Propósito*. También se da referencia a recursos adicionales que ayudarán al crecimiento profundo en el entendimiento del propósito del estudio.

Dirección de Oración: Al final de cada sesión, se encontrarán sugerencias para el tiempo de oración en grupo. Orar juntos es uno de los mayores privilegios de los grupos pequeños. Por favor, no darlo por hecho.

Recursos del Grupo Pequeño: Hay otros materiales de estudio y recursos para grupos pequeños en la parte posterior de la guía de estudio.

TÚ ERES IMPORTANTE PARA DIOS

SESIÓN 1
TÚ ERES IMPORTANTE PARA DIOS

PONTE AL DÍA

- Si esta es la primera vez que se reúnen juntos como grupo, o si tienen algún miembro nuevo, asegúrense de presentarse entre ustedes.

- Antes de entrar en este estudio, se recomienda que revisen las **Reglas Generales para el Grupo Pequeño** en la página 70 de esta guía de estudio.

- ¿Qué estás esperando obtener de este estudio, *«¿Para Qué Estoy Aquí en la Tierra?»*

_____

_____

_____

_____

_____

_____

VERSÍCULO PARA MEMORIZAR

«Yo soy Dios, tu creador; yo te formé desde antes que nacieras».

Isaías 44:2a (TLA)

Vean ahora el video de la lección y síganlo con las notas de esta guía de estudio.

TÚ ERES IMPORTANTE PARA DIOS

La Pregunta de Existencia: ¿Por Qué Estoy Vivo?

«¿Por qué tuve que salir del vientre sólo para ver problemas y aflicción, y para terminar mis días en vergüenza?».

Jeremías 20:18 (NVI)

Fuiste hecho por Dios y para los propósitos de Dios, y hasta que no entiendas eso, la vida no tendrá sentido.

«El Señor ha hecho todo para sus propios propósitos».

Proverbios 16:4a (NTV)

- Dios me creó para _____ .

«Incluso antes de haber hecho el mundo, Dios nos amó y nos eligió en Cristo para que seamos santos e intachables a sus ojos».

Efesios 1:4 (NTV)

La Pregunta de Significado: ¿Es mi Vida Importante?

«¡...mi labor parece tan inútil! He gastado mis fuerzas en vano, y sin ningún propósito».

Isaías 49:4 (NTV)

¿PARA QUÉ ESTOY AQUÍ EN LA TIERRA?

«Yo soy Dios, tu creador; yo te formé desde antes que nacieras...».

Isaías 44:2a (TLA)

Tú no eres un accidente. Hay padres por accidente, pero no hay nacimientos por accidente. Hay padres ilegítimos, pero no hay hijos ilegítimos. Hay embarazos no planeados, pero no hay gente sin propósito. Dios te quiso en este mundo. Tú no eres un accidente.

«Me viste [Dios] antes de que naciera. Cada día de mi vida estaba registrado en tu libro. Cada momento fue diseñado antes de que un solo día pasara».

Salmos 139:16 (NTV)

«...los planes del Señor se mantienen firmes para siempre; sus propósitos nunca serán frustrados».

Salmos 33:11 (NTV)

La vida es la preparación para la eternidad.

* **Fui creado para** _____ .

«Cuando se desarme esta carpa terrenal en la cual vivimos (es decir, cuando muramos y dejemos este cuerpo terrenal), tendremos una casa en el cielo, un cuerpo eterno hecho para nosotros por Dios mismo y no por manos humanas».

2 Corintios 5:1 (NTV)

La Pregunta de Intención: ¿Cuál es mi Propósito?

«¿Para qué creaste a los mortales?».

Salmos 89:47b (NVI)

La única forma de saber tu propósito es preguntándole a tu Creador.

«...conocer al Dios santo es dar muestras de inteligencia».

Proverbios 9:10b (TLA)

- **Encuentro mi propósito** _____ .

«...todas las cosas, las que hay en los cielos y las que hay en la tierra, visibles e invisibles ... todo fue creado por medio de él y para él».

Colosenses 1:16 (RV1960)

Todo en la vida se trata de Dios; y no se trata de ti.

«En Cristo, Dios nos había escogido de antemano para que tuviéramos parte en su herencia, de acuerdo con el propósito de Dios mismo, que todo lo hace según la determinación de su voluntad».

Efesios 1:11–12 (DHH)

Si vives para tener setenta años, vas a vivir 25.550 días. ¿No crees que valgan la pena solo cuarenta de esos días para averiguar lo que se supone que debes hacer con el resto de ellos?

«Toda persona, sea de la nación que sea, si es fiel a Dios y se porta rectamente, goza de su estima».

Hechos 10:35 (BLPH)

Preguntas Para Descubrir

• «Dios me creó para amarme». ¿Cuándo fue la primera vez que escuchaste acerca del amor de Dios?

_____

_____

_____

_____

_____

_____

_____

Por favor, no se sientan presionados a discutir cada pregunta. Está bien elegir las que sean adecuadas para el grupo. El punto no es correr a través de la sesión, el objetivo es tomar el tiempo para dejar que Dios obre en sus vidas.

• «Fui creado para vivir eternamente». ¿Qué te parece esta declaración? ¿Estás animado, desconcertado, decepcionado, sorprendido?

_____

_____

_____

_____

_____

_____

_____

_____

• «Encuentro mi propósito en Dios». A medida que te embarcas en este viaje de descubrimiento, ¿qué tan preparado estás para explorar la verdad acerca del propósito de Dios para tu vida?

_____

_____

_____

_____

_____

_____

_____

• «La vida no se trata de ti; es todo acerca de Dios». ¿Qué diferencia podría hacer, si yo actuara como si la vida fuera todo sobre Dios y no sobre mí?

_____

_____

_____

_____

_____

_____

_____

_____

Vivamos con Propósito

- **Compañero de Lectura:** Un componente central de este estudio es la lectura diaria de *Una Vida con Propósito*. Tomen un momento para unirse en pareja dentro del grupo, y así formar los compañeros de lectura. Un poco de aliento y una rendición de cuentas amigable pueden ayudarles a seguir con la lectura programada. Se recomienda que se asocien hombres con hombres y mujeres con mujeres.
Durante la semana o en las reuniones del grupo, consulten y compartan lo que están aprendiendo con sus compañeros de lectura y anímense unos a otros en el progreso a través del libro.

Ahora pasen al **Plan de Lecturas Diarias** en la página 84, y decidan en grupo la fecha en que comenzarán a leer el **Día 1** de *Una Vida con Propósito*.

No queremos ser solo oidores de la Palabra. También debemos ser hacedores de la Palabra. Esta sección del estudio contiene ejercicios de aplicación, que ayudarán al grupo a aplicar lo que están aprendiendo. Asegúrense de dejar tiempo cada semana para este material.

Profundicemos

- **Chequeo Espiritual:** La mayor parte de las personas quieren vivir vidas sanas y equilibradas. Un chequeo médico regular es una buena forma de medir el estado físico y detectar problemas potenciales. Del mismo modo, un chequeo espiritual es vital para tu bienestar espiritual. La **Evaluación con Propósito de la Salud Espiritual** fue diseñada para darle un vistazo rápido o tomar el pulso a tu salud espiritual. Toma tres o cuatro minutos para completar la **Evaluación con Propósito de la Salud Espiritual**, que se encuentra en la página 74 de tu guía de estudio. Después de contestar las preguntas, suma tus resultados. Entonces, asóciate con otra persona (preferiblemente tu compañero de lectura) y compartan brevemente un propósito que vaya bien y uno que necesite un poco de trabajo.

- Antes de tu próxima reunión de grupo pequeño, lee los capítulos del 1 al 7 de *Una Vida con Propósito*. Comparte con el mundo lo que estás aprendiendo, publica una cita favorita del libro en tu página de Facebook o por Twitter con la etiqueta **#UVP**.

- Lee todos los días como parte de tu devocional, el **Versículo para Memorizar** que está en la página 2. Mira si puedes memorizarlo antes de la siguiente reunión del grupo.

- Visita **www.ConducidosconProposito.com** para encontrar propuestas de los siguientes pasos para vivir una vida con propósito.

  - Descubre **Cursos de Liderazgo con Propósito** diseñados para ayudarte a cumplir los propósitos de Dios en tu vida personal, en tu grupo pequeño y en tu iglesia.

  - Inscríbete para recibir gratis por correo electrónico, los devocionales del Pastor Rick, *Esperanza Diaria*.

  - Recibe acceso a 42 sermones en audio del Pastor Rick (en inglés), para complementar el mensaje de *Una Vida con Propósito*.

Dirección de Oración

- Oren por las peticiones de oración del grupo. Asegúrense de escribirlas en el **Reporte de Oración y Alabanza del Grupo Pequeño** en la página 72.

Antes de que te vayas. . .

- Pasen al **Calendario del Grupo Pequeño** en la página 73 de esta guía de estudio. Grupos saludables comparten responsabilidades de grupo. Llenen el calendario juntos, al menos para la próxima semana, observando dónde se reunirán cada semana, quién facilitará la reunión y quién traerá la comida o refrigerio. Resalten también eventos especiales, sociales o días libres. El anfitrión del grupo estará muy agradecido y todos se divertirán mucho más. Sería grandioso que alguno de los miembros coordinara el calendario de actividades del grupo.

- Además, inicien la recopilación de información básica de contacto como números de teléfono y direcciones de correo electrónico. El **Directorio del Grupo Pequeño** en la página 86 de esta guía de estudio es un buen lugar para registrar esta información.

ADORACIÓN

Fuiste planeado para
agradar a Dios

SESIÓN 2
ADORACIÓN
Fuiste Planeado
Para Agradar a Dios

PONTE AL DIA

- Comparte una idea de la lectura de *Una Vida con Propósito,* algo que haya tenido un significado especial para ti en esta semana.

_____

_____

_____

El material en esta guía de estudio ha sido diseñado para estar a tu servicio, no para esclavizarte. Si todos tienen tiempo para compartir lo que han leído en *Una Vida con Propósito* y ver el video juntos, eso está bien. No se sientan presionados por cubrir todo el material cada semana.

- ¿Cuándo, dónde y cómo te sientes más cerca de Dios?

_____

_____

_____

_____

_____

VERSÍCULO PARA MEMORIZAR

«Entréguense completamente a Dios, porque antes estaban muertos pero ahora tienen una vida nueva».

Romanos 6:13b (NTV)

Vean ahora el video de la lección y síganlo con las notas de esta guía de estudio.

«Tú [Dios]creaste todas las cosas, y existen porque tú las creaste según tu voluntad».

Apocalipsis 4:11b (NTV)

«Por las misericordias de Dios, que se presenten ustedes mismos como un sacrificio vivo, santo y agradable a Dios. ¡Así es como se debe adorar a Dios!».

Romanos 12:1b (RVC)

- Adoración es _____ al amor de Dios.
- Adoración es _____ a Dios.

¿Qué le das a un Dios que lo tiene todo? Le das la única cosa que Él no tiene a menos que tú se la des. Dale tu amor.

«Ama al Señor tu Dios con todo tu corazón, con toda tu alma, con toda tu mente y con todas tus fuerzas».

Marcos 12:30 (NVI)

- Adoración es _____ a Dios.

Eso es lo que significa «Ama al Señor tu Dios con todo tu corazón y con toda tu alma». Dios quiere que lo ames apasionadamente.

¿PARA QUÉ ESTOY AQUÍ EN LA TIERRA?

La primera razón por la que Dios te puso aquí en la tierra fue para conocerle a Él y aprender a corresponder a Su amor.

> *«...porque el Señor, cuyo nombre es Celoso, es Dios celoso de su relación contigo».*
>
> **Éxodo 34:14b (NTV)**

> *«Quiero que demuestren amor, no que ofrezcan sacrificios. Más que ofrendas quemadas, quiero que me conozcan».*
>
> **Oseas 6:6 (NTV)**

La forma más grandiosa de expresar tu amor hacia Dios es dándole tu vida a Él.

> *«Entréguense completamente a Dios ... ahora tienen una vida nueva...».*
>
> **Romanos 6:13b (NTV)**

> *«Nosotros le amamos a él, porque él nos amó primero».*
>
> **1 Juan 4:19 (RVA)**

- **Adoración es** _____ **en Dios.**

Eso es lo que significa «ama al Señor tu Dios ... con toda tu mente». Dios quiere que lo ames atentamente. Dios quiere que te enfoques, porque Él está completamente enfocado en ti.

> *«Oh Señor, has examinado mi corazón y sabes todo acerca de mí. Sabes cuándo me siento y cuándo me levanto; conoces mis pensamientos ... Sabes todo lo que hago».*
>
> **Salmos 139:1–3 (NTV)**

> *«Concentren su atención en las cosas de arriba, no en las de la tierra».*
>
> **Colosenses 3:2 (NVI)**

Establece un tiempo diario a solas con Dios.

> *«Al orar, busca un lugar aislado para que no seas tentado a actuar de forma hipócrita delante de Dios. Preséntate de la forma más sencilla y honesta que puedas; así lograrás enfocarte en Dios y podrás sentir Su gracia».*
>
> **Mateo 6:6** (PAR)

Desarrolla una conversación constante con Dios.

> *«...búsquenlo continuamente».*
>
> **Salmos 105:4b** (NTV)

> *«¡Tú [Dios] guardarás en perfecta paz a todos los que confían en ti; a todos los que concentran en ti sus pensamientos!».*
>
> **Isaías 26:3** (NTV)

Cuando concentras tus pensamientos en Dios, Dios concentrará tus pensamientos.

* **Adoración es** _____
  para Dios.

  Eso es lo que significa «Ama al Señor tu Dios ... con todas tus fuerzas». Dios quiere que lo ames prácticamente con tus acciones.

  > *«Y todo lo que hagan, háganlo de corazón, como para el Señor y no como para la gente».*
  >
  > **Colosenses 3:23** (RVC)

Lo que importa no es lo que hagas; sino para quién lo haces.

¿PARA QUÉ ESTOY AQUÍ EN LA TIERRA?

«Entreguen todo su ser como sacrificio vivo a Dios. Esa ofrenda que es su vida debe estar dedicada solamente a Dios para poder agradarle. Esta clase de adoración es la que realmente tiene sentido».

Romanos 12:1 (PDT)

La verdadera adoración es un estilo de vida.

 Vean el video titulado: «Cómo Convertirse en un Seguidor de Cristo». Lo encontrarán en el DVD. Si alguien en el grupo hace la oración para recibir a Cristo como su Salvador por primera vez, asegúrense de tomar un tiempo para celebrar juntos esta decisión.

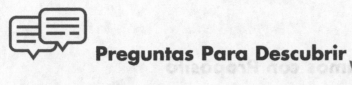

Preguntas Para Descubrir

• La Biblia dice: *«Por las misericordias de Dios, que se presenten ustedes mismos como un sacrificio vivo, santo y agradable a Dios. ¡Así es como se debe adorar a Dios!»* (Romanos 12:1 RVC). ¿Qué piensas que significa ser un «sacrificio vivo»?

_____

_____

_____

_____

_____

_____

> Por favor, no se sientan presionados a discutir cada pregunta. El punto no es correr a través de la sesión, el objetivo es tomar el tiempo para dejar que Dios obre en sus vidas.

• Rendirte a Dios, no se trata de perder, se trata de ganar. ¿Qué vas a ganar rindiendo más de tu vida a Dios?

_____

_____

_____

_____

_____

_____

_____

_____

_____

Vivamos con Propósito

- Adoración es expresar tu afecto a Dios, es enfocar tu atención en Dios, y usar tus habilidades para Dios. ¿Qué cosas vas a hacer esta semana para convertirte en un mejor adorador? Compartan el plan con el compañero de lectura antes de que se vayan de esta reunión, después comuníquense durante la semana para que revisen el progreso.

No queremos ser solo oidores de la Palabra. También debemos ser hacedores de la Palabra. Esta sección del estudio contiene ejercicios de aplicación, que ayudarán al grupo a aplicar las cosas que están aprendiendo. Asegúrense de dejar tiempo cada semana para este material.

_____

_____

_____

_____

_____

_____

_____

_____

_____

_____

_____

_____

_____

_____

Profundicemos

- ¿Quieres profundizar en la adoración?

  Visita **www.ConducidosconProposito.com** para **Cursos de Liderazgo con Propósito**, libros, estudios para grupos pequeños y otros recursos de adoración para uso personal y para los grupos pequeños. También recibirás libre acceso a siete audio-sermones, en inglés, sobre adoración, del Pastor Rick Warren.

- Antes de tu próxima reunión de grupo pequeño, lee los capítulos del 8 al 14 de *Una Vida con Propósito*. Comparte con el mundo lo que estás aprendiendo, publica una cita favorita del libro en tu página de Facebook o por Twitter con la etiqueta **#UVP**.

- Lee todos los días, como parte de tu devocional, el **Versículo para Memorizar** que está en la página 12. Observa si puedes memorizarlo antes de la siguiente reunión del grupo.

Dirección de Oración

- ¿Alguien entregó su vida a Jesucristo después de ver el mensaje del pastor Rick en el video, «Cómo convertirse en un seguidor de Cristo»? Si es así, ¡asegúrense de celebrar esa decisión!

- Comiencen el tiempo de oración haciendo oraciones cortas de una sola frase, dando gracias a Dios por las bendiciones en sus vidas. Por ejemplo, puedes decir «Gracias por mi esposo(a)» o «Gracias por mi salud» o «Gracias por la provisión para mi familia», etc.

- Oren por las peticiones de oración del grupo. Asegúrense de escribir las peticiones en el **Reporte de Oración y Alabanza del Grupo Pequeño** en la página 72.

COMPAÑERISMO

Fuiste hecho para
la familia de Dios

SESIÓN 3
COMPAÑERISMO
Fuiste Hecho
Para La Familia de Dios

PONTE AL DÍA

- Comparte una idea de la lectura de
  Una Vida con Propósito, algo que haya tenido un
  significado especial para ti en esta semana.

  _____

  _____

  _____

- ¿Cuál de estas afirmaciones es más cierta
  acerca de ti?

  a) Hago restricciones para mis relaciones
     personales en mi agenda.

  b) Hago planes para mis relaciones personales
     en mi agenda.

  _____

  _____

VERSÍCULO PARA MEMORIZAR

*«Ustedes ... son ciudadanos junto con todo el
pueblo santo de Dios. Son miembros de la
familia de Dios».*

Efesios 2:19b (NTV)

Vean ahora el video de
la lección y síganlo con
las notas de esta guía
de estudio.

COMPAÑERISMO
Fuiste Hecho Para La Familia de Dios

Dios no solamente quiere que lo ames y lo conozcas a Él, sino también quiere que ames y conozcas a Su familia.

> *«La familia de Dios, que es la iglesia del Dios viviente...».*
> ### 1 Timoteo 3:15b (DHH)

> *«Dios decidió de antemano adoptarnos como miembros de su familia al acercarnos a sí mismo por medio de Jesucristo».*
> ### Efesios 1:5 (NTV)

> *«Pero a todos los que creyeron en él [Jesús], y lo recibieron, les dio el derecho de llegar a ser hijos de Dios».*
> ### Juan 1:12 (NTV)

> *«Así que ahora les doy un nuevo mandamiento: ámense unos a otros. Tal como yo los he amado, ustedes deben amarse unos a otros. El amor que tengan unos por otros será la prueba ante el mundo de que son mis discípulos».*
> ### Juan 13:34–35 (NTV)

La razón número uno por la que Jesús quiere que nos amemos unos a otros en la familia de Dios es para que el mundo vea nuestro amor y quieran también formar parte de la familia de Dios. Dios quiere que nos amemos unos a otros porque los destinos eternos de otras personas están en juego.

Los Cuatro Niveles de Comunión

- La comunión de _____ juntos.

> *«...y todos los que habían creido se mantenían unidos y lo compartían todo».*
>
> **Hechos 2:44 (RVC)**

> *«No dejemos de congregarnos, como acostumbran hacerlo algunos, sino animémonos unos a otros...».*
>
> **Hebreos 10:25 (NVI)**

> *«Recíbanse unos a otros en sus casas, sin murmurar de nadie».*
>
> **1 Pedro 4:9 (DHH)**

Cuando dejas a las personas entrar en tu casa, las dejas entrar en tu vida, y no aprenderás a amarlas, si siempre las estás sacando de tu vida y de tu casa.

- **Comparte tus** _____.

> *«Cuando se reúnan, uno de ustedes cantará, otro enseñará, otro contará alguna revelación especial que Dios le haya dado, otro hablará en lenguas y otro interpretará lo que se dice; pero cada cosa que se haga debe fortalecer a cada uno de ustedes ... tendrán su turno para hablar, uno después de otro, para que todos aprendan y sean alentados».*
>
> **1 Corintios 14:26–31 (NTV)**

- **Comparte tu** _____.

> *«Gocémonos con los que se gozan y lloremos con los que lloran».*
>
> **Romanos 12:15 (RVC)**

- **La Comunión de** _____ **mutuamente.**

Dios quiere que cada uno de nosotros pertenezca a la familia de la iglesia.

> *«Así que ahora ustedes ... son ciudadanos junto con todo el pueblo santo de Dios. Son miembros de la familia de Dios».*
>
> **Efesios 2:19 (NTV)**

Ser un Cristiano es más que solo creer, también es pertenecer. Sin una iglesia, no tienes un hogar espiritual.

> *«Nosotros, siendo muchos, formamos un solo cuerpo en Cristo, y cada miembro está unido a todos los demás».*
>
> **Romanos 12:5 (NVI)**

> *«Los que aman a Dios amen también a sus hermanos en Cristo».*
>
> **1 Juan 4:21 (NTV)**

> *«Amen a los hermanos de la familia de Dios».*
>
> **1 Pedro 2:17 (PDT)**

- **La Comunión de** _____ **juntos.**

> *«Somos compañeros de trabajo al servicio de Dios».*
>
> **1 Corintios 3:9a (DHH)**

> *«Más valen dos que uno, pues trabajando unidos les va mejor a ambos».*
>
> **Eclesiastés 4:9 (PDT)**

> *«Él [Jesús] hace que todo el cuerpo encaje perfectamente. Y cada parte, al cumplir con su función específica, ayuda a que las demás se desarrollen, y entonces todo el cuerpo crece y está sano y lleno de amor».*
>
> **Efesios 4:16 (NTV)**

¿PARA QUÉ ESTOY AQUÍ EN LA TIERRA?

- La Comunión de _____ juntos.

> «Ayúdense a llevar los unos las cargas de los otros, y obedezcan de esa manera la ley de Cristo».
>
> **Gálatas 6:2 (NTV)**

Cuando sirven juntos, haces tu parte, pero cuando sufren juntos, das tu corazón.

> «Si uno de los miembros sufre, los demás comparten su sufrimiento».
>
> **1 Corintios 12:26a (NVI)**

> «Ámense unos a otros como hermanos».
>
> **Romanos 12:10a (TLA)**

> «Conocemos lo que es el amor verdadero, porque Jesús entregó su vida por nosotros. De manera que nosotros también tenemos que dar la vida por nuestros hermanos».
>
> **1 Juan 3:16 (NTV)**

Preguntas Para Descubrir

• Si la verdadera riqueza fuera medida por la profundidad de tus relaciones, ¿qué tanta riqueza tendrías?

_____

_____

_____

_____

_____

_____

_____

_____

Por favor, no se sientan presionados a discutir cada pregunta. El punto no es correr a través de la sesión, el objetivo es tomar el tiempo para dejar que Dios obre en sus vidas.

• ¿Qué podrías cambiar en tu horario, que te diera más tiempo para construir relaciones saludables?

_____

_____

_____

_____

_____

_____

_____

_____

¿PARA QUÉ ESTOY AQUÍ EN LA TIERRA?

- ¿Qué dice tu nivel de participación en tu iglesia local sobre tu amor por la familia de Dios?

_____

_____

_____

_____

_____

_____

_____

- ¿Cómo puedes ayudar a cultivar las características de compañerismo en tu iglesia y en tu grupo pequeño?

_____

_____

_____

_____

_____

_____

_____

_____

Vivamos con Propósito

- **Proyecto de Servicio:** Vamos a enfocarnos en el compañerismo de servir juntos. Tómense unos minutos para discutir un proyecto de servicio que puedan hacer en grupo. Esto podría ser un proyecto en la iglesia, o una oportunidad para el grupo de ayudar a una familia de la iglesia o a una persona en necesidad. Comiencen a hacer planes para completar este proyecto en las próximas tres semanas.

Aquí hay algunas ideas para empezar:

- Proveer comida a una familia en necesidad.

- Visitar un miembro de la iglesia que esté en el hospital o alguien incapacitado.

- Realizar un proyecto de mantenimiento en la iglesia como pintura, jardinería o cambiar alfombras.

- Otra: _____

_____

_____

_____

_____

_____

Escojan un voluntario que coordine este proyecto para el grupo.

No queremos ser solo oidores de la Palabra. También debemos ser hacedores de la Palabra. Esta sección del estudio contiene ejercicios de aplicación, que ayudarán al grupo a aplicar lo que están aprendiendo. Asegúrense de dejar tiempo cada semana para este material.

Profundicemos

- ¿Quieres profundizar en el compañerismo?

  Visita **www.ConducidosconProposito.com** para **Cursos de Liderazgo con Propósito**, libros, estudios para grupos pequeños y otros recursos sobre compañerismo para uso personal y para los grupos pequeños. También recibirás libre acceso a siete audio-sermones, en inglés, sobre compañerismo, del Pastor Rick Warren.

- Antes de tu próxima reunión de grupo pequeño, lee los capítulos del 15 al 21 de *Una Vida con Propósito*. Comparte con el mundo lo que estás aprendiendo, publica una cita favorita del libro en tu página de Facebook o por Twitter con la etiqueta **#UVP**.

- Lee todos los días como parte de tu devocional, el **Versículo para Memorizar** que está en la página 22. Observa si puedes memorizarlo antes de la siguiente reunión del grupo.

Dirección de Oración

- Oren por el **Proyecto de Servicio Viviendo con Propósito** del grupo pequeño.

- Oren por las peticiones de oración del grupo. Asegúrense de escribirlas en el **Reporte de Oración y Alabanza del Grupo Pequeño** en la página 72.

DISCIPULADO

Fuiste creado para
ser como Cristo

SESIÓN 4
DISCIPULADO
Fuiste Creado
Para Ser Como Cristo

PONTE AL DÍA

- Comparte una idea de la lectura de *Una Vida con Propósito*, algo que haya tenido un significado especial para ti en esta semana.

- ¿Cómo van los planes para el próximo **Proyecto de Servicio Viviendo con Propósito**, del cual ustedes hablaron en su última reunión?

_____

_____

_____

_____

_____

_____

VERSÍCULO PARA MEMORIZAR

«Dios dispone todas las cosas para el bien de quienes lo aman, los que han sido llamados de acuerdo con su propósito».

Romanos 8:28 (NVI)

Vean ahora el video de la lección y síganlo con las notas de esta guía de estudio.

DISCIPULADO
Fuiste Creado Para Ser Como Cristo

Dios no quiere que solamente sepas acerca de Jesucristo, Él quiere que te parezcas a Jesucristo. Este ha sido el plan de Dios para ti desde el principio.

> *«Desde el principio, Dios ya sabía a quiénes iba a elegir, y ya había decidido que fueran semejantes a su Hijo».*
>
> **Romanos 8:29 (TLA)**

> *«...debemos crecer en todo hacia Cristo...».*
>
> **Efesios 4:15 (DHH)**

Herramientas que Dios Usa para Ayudarnos a Crecer

> *«Dios dispone todas las cosas para el bien de quienes lo aman, los que han sido llamados de acuerdo con su propósito».*
>
> **Romanos 8:28 (NVI)**

- Dios usa los _____ para enseñarnos a _____ en Él.

Las pruebas son situaciones diseñadas por Dios para acercarnos a Él. Estas aumentan nuestra fe y desarrollan nuestro carácter.

> *«Pruebas y dificultades ... nos ayudan a desarrollar resistencia. Y la resistencia desarrolla firmeza de carácter, y el carácter fortalece nuestra esperanza segura de salvación».*
>
> **Romanos 5:3–4 (NTV)**

¿PARA QUÉ ESTOY AQUÍ EN LA TIERRA?

- Cada _____ tiene un _____.

El propósito de los problemas es que te hagas como Jesucristo y edfiques carácter en tu vida.

> *«Es tal la angustia que me invade que me siento morir».*
>
> **Marcos 14:34 (NTV)**

> *«Abba, Padre —clamó—, todo es posible para ti. Te pido que quites esta copa de sufrimiento de mí. Sin embargo, quiero que se haga tu voluntad, no la mía».*
>
> **Marcos 14:36 (NTV)**

Jesús se rindió al plan de Dios. Dios quiere que te rindas a Su plan también. Él te está enseñando a confiar en Él en el jardín de pruebas de Getsemaní.

> *«Pues los sufrimientos ligeros y efímeros que ahora padecemos producen una gloria eterna que vale muchísimo más que todo sufrimiento».*
>
> **2 Corintios 4:17 (NVI)**

- Dios usa la _____ para enseñarnos a

  _____ a Él.

Las tentaciones son situaciones diseñadas por el diablo para alejarnos de Dios. Dios no causa la tentación. Él nunca nos tienta a hacer el mal. Pero Dios puede usar incluso nuestras tentaciones para hacernos más como Jesús, si cooperamos con Él. ¿Por qué? Debido a que cada tentación implica una decisión. Podemos optar por hacer el mal, o podemos elegir obedecer a Dios. Cuando decidimos obedecer a Dios, damos otro paso en nuestro crecimiento espiritual. Nuestro carácter está determinado por nuestras decisiones.

> *«Luego el Espíritu llevó a Jesús al desierto para que allí lo tentara el diablo».*
>
> **Mateo 4:1 (NTV)**

No es pecado ser tentado.

«[Jesús] ha sido tentado en todo de la misma manera que nosotros, aunque sin pecado».

Hebreos 4:15b (NVI)

«Las tentaciones que enfrentan en su vida no son distintas de las que otros atraviesan».

1 Corintios 10:13a (NTV)

«Si me aman, obedezcan mis mandamientos».

Juan 14:15 (NTV)

«Y Dios es fiel; no permitirá que la tentación sea mayor de lo que puedan soportar. Cuando sean tentados, él les mostrará una salida, para que puedan resistir».

1 Corintios 10:13b (NTV)

Al final, todo se reduce a tu elección. ¿Elegiré obedecer a la tentación o elegiré obedecer a Dios? Cada vez que eliges obedecer a Dios, te pareces más y más a Cristo en tu carácter.

• **Dios usa las _____ para enseñarnos a _____.**

Las ofensas son situaciones diseñadas por otras personas para herirnos.

«Perdónanos nuestras ... ofensas, como también nosotros hemos perdonado a ... los que nos ofenden».

Mateo 6:12 (NBLH)

«Los que pasaban lo insultaban [a Jesús] meneando la cabeza ... los ancianos, se burlaban de él ... Del mismo modo lo insultaban los ladrones que habían sido crucificados con él».

Mateo 27:39–44 (RVR1995)

¿PARA QUÉ ESTOY AQUÍ EN LA TIERRA?

«Jesús dijo: "¡Padre, perdona a toda esta gente! ¡Ellos no saben lo que hacen!"».

Lucas 23:34a (TLA)

«Cuando lo insultaban, no contestaba con insultos; cuando lo hacían sufrir, no amenazaba, sino que se encomendaba a Dios, que juzga con rectitud».

1 Pedro 2:23 (DHH)

Si vas a ser como Cristo, tienes que aprender a perdonar.

- **Recuerda que Dios** _____ .

«...perdónense mutuamente, como Dios los perdonó a ustedes en Cristo».

Efesios 4:32 (DHH)

- **Recuerda que Dios** _____ .

«Ustedes pensaron hacerme mal, pero Dios transformó ese mal en bien para lograr lo que hoy estamos viendo: salvar la vida de mucha gente».

Génesis 50:20 (NVI)

Dios usa los problemas para enseñarnos a confiar en Él, Dios usa la tentación para enseñarnos a obedecerle y Dios usa las ofensas para enseñarnos a perdonar a otros. Él hace todas estas cosas para que nos parezcamos a Cristo.

«Dios nos dará todo lo que le ha dado a Cristo, pero también tenemos que sufrir con él para compartir su gloria».

Romanos 8:17b (PDT)

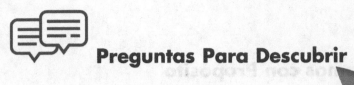

Preguntas Para Descubrir

• Dios usa los problemas para enseñarnos a confiar. ¿Qué problema en tu vida ha causado el mayor crecimiento de tu carácter?

_____

_____

_____

_____

_____

_____

> Por favor, no se sientan presionados a discutir cada pregunta. El punto no es correr a través de la sesión, el objetivo es tomar el tiempo para dejar que Dios obre en sus vidas.

• Dios usa la tentación para enseñarnos a obedecer. ¿Qué lección crees que Dios está tratando de enseñarte?

_____

_____

_____

_____

• Dios usa las ofensas para enseñarnos a perdonar. ¿Qué te está enseñando Dios sobre el perdón en este momento?

_____

_____

_____

_____

Vivamos con Propósito

- Nunca es demasiado tarde para comenzar a crecer. ¿Qué progresos desearías ver en tu crecimiento espiritual en un año a partir de ahora? Únete con tu compañero de lectura y habla acerca de lo que puedes hacer hoy para empezar a avanzar hacia ese objetivo.

_____

_____

Profundicemos

- ¿Quieres profundizar en el discipulado?

  Visita **www.ConducidosconProposito.com** para **Cursos de Liderazgo con Propósito**, libros, estudios para grupos pequeños y otros recursos sobre discipulado para uso personal y para los grupos pequeños. También recibirás libre acceso a siete audio-sermones, en inglés, sobre discipulado, del Pastor Rick Warren.

- Antes de tu próxima reunión de grupo pequeño, lee los capítulos del 22 al 28 de *Una Vida con Propósito*. Comparte con el mundo lo que estás aprendiendo, publica una cita favorita del libro en tu página de Facebook o por Twitter con la etiqueta **#UVP**.

- Lee todos los días como parte de tu devocional, el **Versículo para Memorizar** que está en la página 32. Observa si puedes memorizarlo antes de la siguiente reunión del grupo.

Dirección de Oración

- Por turnos, oren estos versículos de la Biblia para ti o para tu grupo.

Por Ejemplo:

«...debemos crecer en todo hacia Cristo...».

Efesios 4:15 (DHH)

Oración:

«Dios, por favor, ayúdame a crecer hacia Cristo en cada parte de mi vida» o «Dios, por favor ayúdanos a crecer hacia Cristo en cada parte de nuestras vidas».

Ahora intenten con estos. . .

«Dios dispone todas las cosas para el bien de quienes lo aman, los que han sido llamados de acuerdo con su propósito».

Romanos 8:28 (NVI)

«También nos alegramos al enfrentar pruebas y dificultades porque sabemos que nos ayudan a desarrollar resistencia. Y la resistencia desarrolla firmeza de carácter, y el carácter fortalece nuestra esperanza segura de salvación».

Romanos 5:3–4 (NTV)

«Pues los sufrimientos ligeros y efímeros que ahora padecemos producen una gloria eterna que vale muchísimo más que todo sufrimiento».

2 Corintios 4:17 (NVI)

¿PARA QUÉ ESTOY AQUÍ EN LA TIERRA?

«Y Dios es fiel; no permitirá que la tentación sea mayor de lo que puedan soportar. Cuando sean tentados, él les mostrará una salida, para que puedan resistir».

1 Corintios 10:13b (NTV)

«Y perdónanos nuestras ofensas, ... como también nosotros hemos perdonado ... a los que nos ofenden».

Mateo 6:12 (NBLH)

«...perdónense mutuamente, como Dios los perdonó a ustedes en Cristo».

Efesios 4:32 (DHH)

- Oren por las peticiones de oración del grupo. Asegúrense de escribir las peticiones en el **Reporte de Oración y Alabanza del Grupo Pequeño** en la página 72.

MINISTERIO

Fuiste formado para
servir a Dios

MINISTERIO

Fuiste Formado
Para Servir a Dios

PONTE AL DÍA

- Comparte una idea de la lectura de
  Una Vida con Propósito, algo que haya tenido
  un significado especial para ti en esta semana.

- Las cosas valiosas no siempre son visibles.
  Menciona algunas cosas invisibles que tienen
  gran valor.

  _____

  _____

  _____

  _____

  _____

  _____

  _____

VERSÍCULO PARA MEMORIZAR

*«Somos hechura de Dios, creados en Cristo Jesús
para buenas obras, las cuales Dios dispuso de antemano a fin de que las pongamos en práctica».*

Efesios 2:10 (NVI)

Vean ahora el video de
la lección y síganlo con
las notas de esta guía
de estudio.

MINISTERIO
Fuiste Formado Para Servir a Dios

No existe tal cosa como ser un Cristiano que no esté sirviendo.

> *«Dios es quien nos ha salvado y nos ha llamado a una vida consagrada a él».*
>
> **2 Timoteo 1:9a (BLPH)**

Dios planeó de antemano lo que Él quería que hicieras con tu vida.

> *«Somos hechura de Dios, creados en Cristo Jesús para buenas obras, las cuales Dios dispuso de antemano a fin de que las pongamos en práctica».*
>
> **Efesios 2:10 (NVI)**

Lo que importa no es cuán larga sea tu vida, sino *cómo* la vives. Lo que importa no es la duración de tu vida, sino la donación de tu vida.

Dios te formó para el servicio:

F ormación espiritual

O portunidades

R ecursos

M i personalidad

A ntecedentes

> *«Tú me hiciste con tus propias manos; tú me diste forma».*
>
> **Job 10:8a (NVI)**

¿PARA QUÉ ESTOY AQUÍ EN LA TIERRA?

«Cada uno ponga al servicio de los demás el don que haya recibido».

1 Pedro 4:10a (NVI)

• **Mi cuarto propósito en la vida es servir a Dios** _____

_____.

«Imiten al Hijo del hombre, que no vino para ser servido, sino para servir».

Mateo 20:28 (RVC)

Cómo Servir Igual que Jesús

• **Servir como Jesús significa estar** _____.

«Dos ciegos ... gritaron: —¡Señor, Hijo de David ten compasión de nosotros! ... Jesús se detuvo y los llamó. —¿Qué quieren que haga por ustedes?».

Mateo 20:30–32 (NVI)

No puedes ser usado por Dios cuando no estás disponible.

«Nunca digas a tu prójimo: "Vuelve más tarde; te ayudaré mañana", si hoy tienes con qué ayudarlo».

Proverbios 3:28 (NVI)

• **Servir como Jesús significa estar** _____.

«Jesús, alzando la vista, dijo:—Padre, te doy gracias porque me has escuchado. Ya sabía yo que siempre me escuchas, pero lo dije por la gente que está aquí...».

Juan 11:41–42 (NVI)

«Doy gracias al que me fortalece, Cristo Jesús nuestro Señor, pues me consideró digno de confianza al ponerme a su servicio».

1 Timoteo 1:12 (NVI)

«¡Sirvan al Señor con alegría!».

Salmos 100:2a (RVC)

- **Servir como Jesús significa ser** _____ .

«Yo te he glorificado en la tierra, y he llevado a cabo la obra que me encomendaste».

Juan 17:4 (NVI)

«A los que reciben un encargo se les exige que demuestren ser dignos de confianza».

1 Corintios 4:2 (NVI)

«Porque el Hijo del hombre ha de venir en la gloria de su Padre con sus ángeles, y entonces recompensará a cada persona según lo que haya hecho».

Mateo 16:27 (NVI)

«Trabajen siempre para el Señor con entusiasmo, porque ustedes saben que nada de lo que hacen para el Señor es inútil».

1 Corintios 15:58b (NTV)

«Y si le dan siquiera un vaso de agua fresca a uno de mis seguidores más insignificantes, les aseguro que recibirán una recompensa».

Mateo 10:42 (NTV)

No importa cuán grande o cuán insignificante pueda parecerte tu servicio, Dios lo ve todo y Él lo recompensa todo, y a los ojos de Dios no hay tal cosa como un servicio pequeño.

¿PARA QUÉ ESTOY AQUÍ EN LA TIERRA?

«Y todo lo que hagan, háganlo de corazón, como para el Señor y no como para la gente ... pues ustedes sirven a Cristo el Señor».

Colosenses 3:23–24 (RVC)

«[Dios] No olvidará con cuánto esfuerzo han trabajado para él y cómo han demostrado su amor por él sirviendo a otros creyentes».

Hebreos 6:10 (NTV)

- **Servir como Jesús significa ser _____.**

«Ustedes conocen la gracia generosa de nuestro Señor Jesucristo. Aunque era rico, por amor a ustedes se hizo pobre para que mediante su pobreza pudiera hacerlos ricos».

2 Corintios 8:9 (NTV)

«Dios, por su generoso amor, aprueba a todos gratuitamente. Es un regalo de Dios hecho posible porque Jesucristo hizo lo necesario para liberarnos del pecado».

Romanos 3:24 (PDT)

«Ellos darán la gloria a Dios. Pues la generosidad de ustedes tanto hacia ellos como a todos los creyentes demostrará que son obedientes a la Buena Noticia de Cristo».

2 Corintios 9:13 (NTV)

«Ustedes serán enriquecidos en todo sentido para que en toda ocasión puedan ser generosos, y ... la generosidad de ustedes resulte en acciones de gracias a Dios».

2 Corintios 9:11 (NVI)

Preguntas Para Descubrir

• «Servimos a Dios sirviendo a otros. No hay tal cosa como un cristiano que no esté sirviendo». ¿Cómo sería tu iglesia si cada uno viviera esta verdad?

Hay solo dos preguntas en esta sesión para que puedan dedicar más tiempo al ejercicio de Vivamos con Propósito.

_____

_____

_____

_____

_____

_____

• Disponibilidad, gratitud, fidelidad, generosidad, ¿cuál de estas cuatro actitudes necesitas trabajar más?

_____

_____

_____

_____

_____

_____

_____

_____

¿PARA QUÉ ESTOY AQUÍ EN LA TIERRA?

Vivamos con Propósito

- **Perfil F.O.R.M.A.:** ¡Descubre tu F.O.R.M.A.! Únete con tu compañero de lectura (revisa la página 8) y completa las secciones de «Habilidades» y «Personalidad» del perfil F.O.R.M.A. en las páginas 78 a la 82 de esta guía de estudio. Después habla sobre cómo Dios puede usar tus habilidades y tus rasgos de personalidad para servir a otros. Puedes terminar el resto del perfil por tu cuenta durante la semana.

- ¿Cómo van los planes para el **Proyecto de Servicio Viviendo con Propósito** del grupo? ¿Hay algún detalle de último minuto que necesiten abordar? Hagan que la meta de esta semana sea completar el proyecto.

_____

_____

_____

_____

_____

_____

_____

_____

_____

_____

_____

Profundicemos

- ¿Quieres profundizar en el ministerio?

  Visita **www.ConducidosconProposito.com** para **Cursos de Liderazgo con Propósito**, libros, estudios para grupos pequeños y otros recursos sobre discipulado para uso personal y para los grupos pequeños. También recibirás libre acceso a siete audio-sermones, en inglés, sobre ministerio, del Pastor Rick Warren.

- Antes de tu próxima reunión de grupo pequeño, lee los capítulos del 29 al 35 de *Una Vida con Propósito*. Comparte con el mundo lo que estás aprendiendo, publica una cita favorita del libro en tu página de Facebook o por Twitter con la etiqueta **#UVP**.

- Lee todos los días como parte de tu devocional, el **Versículo para Memorizar** que está en la página 42. Observa si puedes memorizarlo antes de la siguiente reunión del grupo.

Dirección de Oración

- Pídele a Dios que te guíe en tu área de ministerio. Si ya estás activo sirviendo en un ministerio, entonces ora por ese ministerio ahora mismo.

- Oren por las peticiones de oración del grupo. Asegúrense de escribirlas en el **Reporte de Oración y Alabanza del Grupo Pequeño** en la página 72.

Antes de que te vayas...

- Solo queda una sesión de este estudio *¿Para Qué Estoy Aquí en la Tierra?* Esperamos que los haya bendecido. Este podría ser un buen tiempo para empezar a hablar sobre dónde quieren ir a partir de ahora en la vida del grupo. ¿Cuál de los cinco propósitos quisieran estudiar con mayor profundidad juntos? Escojan su propósito y después visiten **www.ConducidosconProposito.com** para encontrar más estudios con video para grupos pequeños.

- También les animamos a planear una séptima sesión juntos, donde puedan celebrar lo que Dios ha hecho en sus vidas a través de este estudio del grupo pequeño. Esta podría ser una comida, un asado o un picnic donde el objetivo sea el compañerismo. También podría ser una oportunidad excelente para invitar a personas que pudieran estar interesadas en conectarse al grupo pequeño. Comiencen a hacer planes desde ahora.

EVANGELISMO

Fuiste hecho para
una misión

SESIÓN 6
EVANGELISMO
Fuiste Hecho
Para Una Misión

PONTE AL DÍA

- Comparte una idea de la lectura de *Una Vida con Propósito,* algo que haya tenido un significado especial para tí en esta semana.

- ¿Quién fue la persona que te compartió acerca de Jesucristo? ¿Cómo sucedió esto?

_____

_____

_____

_____

_____

_____

_____

VERSÍCULO PARA MEMORIZAR

«Ocúpate en decirles a otros la Buena Noticia».
2 Timoteo 4:5b (NTV)

Vean ahora el video de la lección y síganlo con las notas de esta guía de estudio.

«Los envío a dar tu mensaje a la gente de este mundo, así como tú me enviaste a mí».

Juan 17:18 (TLA)

¿Cuál es la diferencia entre tu ministerio y tu misión? Tu ministerio está en la iglesia. Tu misión está en el mundo. Tu ministerio es para los creyentes. Tu misión es para los no creyentes.

«Lo más importante es que yo termine el trabajo que el Señor Jesús me dio: dar testimonio de las buenas noticias acerca del generoso amor de Dios».

Hechos 20:24 (PDT)

Dos Partes de tu Misión en la Vida

- **Dios espera que** _____ **gente a Jesús.**

Aparte de tu carácter, lo único que llevarás al cielo contigo es la gente que trajiste a Jesús. ¿Llegará alguien al cielo gracias a ti?

«Ocúpate en decirles a otros la Buena Noticia».

2 Timoteo 4:5b (NTV)

Construye un puente con las personas en tu vida, encuentra algo en común con ellas.

53

¿PARA QUÉ ESTOY AQUÍ EN LA TIERRA?

«Con todos trato de encontrar algo que tengamos en común, y hago todo lo posible para salvar a algunos».

1 Corintios 9:22b (NTV)

- Dios espera que _____ a la gente para Jesús.

«Vayan por todo el mundo y prediquen la Buena Noticia a todos».

Marcos 16:15 (NTV)

«Serán mis testigos tanto en Jerusalén como en toda Judea y Samaria, y hasta los confines de la tierra».

Hechos 1:8b (NVI)

Jerusalén	=	tu ciudad
Judea	=	tu región
Samaria	=	gente diferente a ti culturalmente pero que vive en tu misma área
Los confines de la tierra	=	todos los demás

¿Cuál es Nuestra Motivación para Traer e Ir?

- Lo hacemos porque es nuestra _____.

«A todo el que se le ha dado mucho, se le exigirá mucho; y al que se le ha confiado mucho, se le pedirá aun más».

Lucas 12:48b (NVI)

• **Lo hacemos porque nos han dado** _____ .

> *«Se me ha dado toda autoridad en el cielo y en la tierra. Por tanto, vayan y hagan discípulos de todas las naciones».*
>
> **Mateo 28:18–19a** (NVI)

> *«El fin de todo esto es que la sabiduría de Dios, en toda su diversidad, se dé a conocer ahora, por medio de la iglesia».*
>
> **Efesios 3:10** (NVI)

• **Lo hacemos porque es lo** _____ **de la historia.**

> *«Tengo un plan para toda la tierra, una mano de juicio sobre todas las naciones. El Señor de los Ejércitos Celestiales ha hablado; ¿quién podrá cambiar sus planes?».*
>
> **Isaías 14:26–27a** (NTV)

> *«Y se predicará la Buena Noticia acerca del reino por todo el mundo, de manera que todas las naciones la oirán; y entonces vendrá el fin».*
>
> **Mateo 24:14** (NTV)

Los Cinco Gigantes Globales	**El Plan P.E.A.C.E.**
_____	**P** _____
_____	**E** _____
_____	**A** _____
_____	**C** _____
_____	**E** _____

¿PARA QUÉ ESTOY AQUÍ EN LA TIERRA?

El plan P.E.A.C.E. es una de las bases, es la estrategia iglesia a iglesia. Se trata de que todos los creyentes en cada iglesia, hagamos todo lo que Jesús nos dijo que hiciéramos con el poder del Espíritu Santo. Se trata de iglesias en asociación con otras iglesias, para combatir a los gigantes globales en sus comunidades. Se trata de convertir una audiencia en un ejército, los consumidores en contribuyentes y los espectadores en participantes. Solo la iglesia tiene la mano de obra, la fuerza de voluntad y el poder del Espíritu Santo para hacerlo, porque de lo contrario, es imposible. Jesús nos ha llamado, nos ordenó y nos encargó hacerlo. La pregunta es, ¿lo harás? La Gran Comisión es para todos los seguidores de Jesucristo.

> *«Que se conozcan tus caminos en toda la tierra y tu poder salvador entre los pueblos por todas partes».*
>
> **Salmos 67:2 (NTV)**

> *«[Dios] No quiere que nadie sea destruido sino que todos cambien su vida y dejen de pecar».*
>
> **2 Pedro 3:9b (PDT)**

> *«Si tratas de aferrarte a la vida, la perderás; pero si entregas tu vida por mi causa y por causa de la Buena Noticia, la salvarás».*
>
> **Marcos 8:35 (NTV)**

Preguntas Para Descubrir

- «Dios espera que yo traiga personas a Jesús».

  Construye un puente con las personas en tu vida, encontrando algo en común con ellas. Haz una lista en los espacios de abajo, de cinco cosas que personalmente disfrutes hacer. Luego escribe los nombres de amigos que no conozcan al Señor, a quienes puedas invitar a hacer esto contigo.

Actividades	Personas a Invitar
(pasatiempos, deportes, trabajo, club de los niños, comer fuera de casa, etc.)	*(amigos, familia, compañeros de trabajo, vecinos, etc.)*
_____	_____
_____	_____
_____	_____
_____	_____
_____	_____

A continuación, selecciona una de estas actividades y haz un plan para invitar a la persona / personas que escribiste en la lista. A medida que vayas conociéndolas mejor, busca oportunidades para compartir el amor de Jesús con ellas.

¿PARA QUÉ ESTOY AQUÍ EN LA TIERRA?

- Lean los siguientes versículos juntos:

> *«Anden sabiamente para con los de afuera, aprovechando bien el tiempo. Que su conversación sea siempre con gracia, sazonada como con sal, para que sepan cómo deben responder a cada persona».*
>
> **Colosenses 4:5–6** (NBLH)

> *«Estén siempre preparados para responder a todo el que les pida razón de la esperanza que hay en ustedes. Pero háganlo con gentileza y respeto».*
>
> **1 Pedro 3:15–16** (NVI)

¿Qué principios e ideas puedes aprender de estos versículos, acerca de compartir a Cristo con las personas que acabas de escribir en la lista?

_____

_____

_____

_____

_____

_____

_____

_____

_____

_____

_____

_____

Vivamos con Propósito

* «Dios espera que yo vaya por gente para Jesús».

  No tienes que salir del país para hacer un plan P.E.A.C.E. Existen oportunidades aquí en tu propia comunidad (Jerusalén), tu propia región (Judea) y con personas de otras culturas (Samaria). Hay gente pobre que necesita ser alimentada; enfermos que necesitan ser visitados; viudas que podrían necesitar alguna ayuda en casa, con las reparaciones o trabajos de jardín; niños sin padres que necesitan mentores… y miles y miles de personas perdidas que necesitan conocer el amor de Jesucristo. Toma los siguientes minutos para discutir sobre ideas donde tu grupo pueda participar en un proyecto P.E.A.C.E. a corto plazo.

Profundicemos

* ¿Quieres profundizar en un plan P.E.A.C.E. personal, local y mundial?

  Visita **www.ConducidosconProposito.com** para **Cursos de Liderazgo con Propósito**, libros, estudios para grupos pequeños y otros recursos sobre evangelismo para uso personal y para los grupos pequeños. También recibirás libre acceso a siete audio-sermones, en inglés, sobre evangelismo, del Pastor Rick Warren.

* Antes de tu próxima reunión de grupo pequeño, lee los capítulos del 36 al 42 de *Una Vida con Propósito*. Comparte con el mundo lo que estás aprendiendo, publica una cita favorita del libro en tu página de Facebook o por Twitter con la etiqueta **#UVP**.

* Lee todos los días como parte de tu devocional, el **Versículo para Memorizar** que está en la página 52. Observa si puedes memorizarlo antes de la siguiente reunión del grupo.

Dirección de Oración

- Terminen este tiempo juntos, orando por las personas que escribieron en la lista:

  Pídele a Dios que fortalezca tu corazón y que te dé el valor para compartir a Cristo con ellas.

  Pídele a Dios que te dé oportunidades para decirles a ellas sobre tu relación con Cristo.

  Pídele a Dios que ablande sus corazones y las prepare para escuchar las Buenas Nuevas de Jesucristo.

- Oren por las peticiones de oración del grupo. Asegúrense de escribirlas en el **Reporte de Oración y Alabanza del Grupo Pequeño** en la página 72.

¿Ha sido tu vida impactada por este estudio? Al Pastor Rick Warren le encantaría escuchar cómo esta serie y su libro, *Una Vida con Propósito*, te han ayudado. Puedes enviarle un correo electrónico a: **rick@purposedriven.com**.

Antes de que te vayas. . .

- ¡Felicidades! Has terminado tu estudio de grupo pequeño *¿Para Qué Estoy Aquí en la Tierra?* Esperamos que este estudio te haya bendecido. ¿Cuál será tu próximo estudio? Te invitamos a que visites **www.ConducidosconProposito.com** para encontrar opciones de los siguientes pasos de viviendo una vida con propósito.

  - Descubrir **Cursos de Liderazgo con Propósito** diseñados para ayudarte a cumplir los propósitos de Dios en tu vida personal, con tu grupo pequeño y en tu iglesia.

  - Recibir un certificado firmado por haber completado *¿Para Qué Estoy Aquí en la Tierra?*

  - Inscribirte para recibir gratis por correo electrónico, los devocionales del Pastor Rick, **Esperanza Diaria**.

  - Explorar nuestra extensa lista de estudios con video para grupos pequeños.

  - Aprender cómo tu iglesia y tu grupo pequeño pueden ser parte del plan P.E.A.C.E.

- También les animamos a planear una séptima sesión juntos, donde puedan celebrar lo que Dios ha hecho en sus vidas a través de este estudio del grupo pequeño. Esta podría ser una comida, un asado o un picnic donde el objetivo sea el compañerismo. También podría ser una oportunidad excelente para invitar a personas que pudieran estar interesadas en conectarse al grupo pequeño. Comiencen a hacer planes desde ahora.

RECURSOS
para grupos
pequeños

Ayuda para Anfitriones

Diez Ideas Claves para Anfitriones Nuevos

¡FELICITACIONES! Al aceptar tomar el rol de anfitrión en un grupo pequeño, has respondido al llamado de ayudar a pastorear el rebaño de Jesús. Pocas son las tareas que pueden superar a esta en importancia dentro de la familia de Dios. Por eso, al prepararte para recibir a tu grupo (ya sea por una sola reunión o por la serie completa) queremos darte algunas sugerencias útiles.

Recuerda que no estás solo. Dios te conoce profundamente, y sabía que aceptarías el rol de anfitrión de tu grupo. Quizás sientas que no estás preparado, pero eso es algo que sienten todos los buenos anfitriones. Dios te promete, *«Nunca te dejaré; jamás te abandonaré»* (Hebreos 13:5 nvi). Serás bendecido al servir a otros; ya sea que lo hagas por una vez, por varias semanas o por el resto de tu vida, serás bendecido cuando sirvas.

1. **No intentes hacerlo tú solo.** Ora para que Dios te ayude a formar un equipo. Si compartes el rol de anfitrión con otra persona, tu experiencia se enriquecerá. Un grupo saludable comprende muchas personas comprometidas que trabajan unidas. Lo único que tienes que hacer es pedirles a otros que te ayuden. La respuesta de la gente te sorprenderá.

2. **Sé amigable y sé tú mismo.** Dios quiere usar tus dones únicos y tu temperamento. Saluda con una sonrisa a los que llegan. Esto puede determinar el ambiente del resto de la reunión. Recuerda que los participantes han dado un gran paso al decidir ir a tu casa. No imites todo lo que hacen otros anfitriones; haz las cosas conforme a tu personalidad. Si no sabes la respuesta a una pregunta, admítelo. Discúlpate cuando cometas un error. Tu grupo te respetará por eso y tú dormirás mejor esa noche.

3. **Prepara todo de antemano para la reunión.** Antes de cada reunión repasa la sesión y escribe las respuestas a cada pregunta.

4. **Ora por los miembros de tu grupo, mencionándolos por nombre.** Antes de comenzar la reunión, ora por cada uno de los participantes. Semanalmente, puedes revisar el **Reporte de Oración y Alabanza del Grupo Pequeño.** Pídele a Dios que se manifieste durante la reunión, tocando los corazones de los participantes. Prepárate para que Dios te guíe hacia

cualquiera que necesite una palabra de aliento o exhortación. Si escuchas a Dios, Él te guiará.

5. **Cuando hagas preguntas, sé paciente.** Eventualmente, alguien responderá. A veces, la gente necesita un momento de silencio para pensar la respuesta. Si el silencio no te molesta a ti, tampoco molestará a los demás. Después de que alguien responda, agradece la respuesta con un simple «gracias» o «buena respuesta». Luego, añade: «¿Alguien más quisiera responder?» o «¿Hay alguien que aún no haya participado que desee responder?». Presta atención a las personas nuevas o renuentes a participar. Si creas una atmósfera íntima, cordial y segura, en algún momento participarán. Si alguno del grupo está siempre callado, considera la posibilidad de hablar con él a solas y anímalo a participar. Dile que su contribución es importante y que todo el grupo lo ama y aprecia. Recuerda: las aguas quietas tienen corrientes profundas.

6. **Haz una transición después de cada pregunta.** Pregunta si a alguno le gustaría leer un pasaje de la Biblia. No designes a ninguno, pide voluntarios y espera con paciencia que alguno empiece. Agradécele a cualquiera que lea en voz alta.

7. **Ocasionalmente, forma subgrupos.** Esto hará que los participantes tengan oportunidad de hablar con mayor privacidad. La gente se conecta mejor con la enseñanza, la aplica más rápidamente y obtiene más beneficios del grupo. Los subgrupos facilitan la participación de las personas más tímidas y tienden a suavizar el impacto de las más dominantes.

8. **Puedes formar círculos pequeños durante el tiempo de oración.** Aquellos que no están acostumbrados o tienen vergüenza de orar en público, tienen la oportunidad de hacerlo en un grupito de dos o tres. Además, las peticiones de oración no llevan tanto tiempo, dando más tiempo para orar. Cuando todos los subgrupos se reúnen, habrá una persona designada en cada uno para informar sobre los motivos de oración. Una gran ventaja de los subgrupos es que promueven la formación de líderes. Al tener más grupos que atender, serán necesarios más moderadores que empezarán a dar sus primeros pasos y a adquirir confianza

9. **De vez en cuando, haz rotación de moderadores.** Aunque seas perfectamente capaz de liderar todas las reuniones, si les das la oportunidad de liderar a otros, los ayudarás a crecer y a desarrollar sus dones.

10. **Un desafío final (para anfitriones nuevos).** Antes de la primera reunión, busca y lee cada uno de los pasajes que aparecen más abajo. Será un ejercicio de devoción personal que te ayudará a formar un corazón de pastor. Te lo aseguramos. Si lo haces, estarás bien preparado para tu primera reunión.

¿PARA QUÉ ESTOY AQUÍ EN LA TIERRA?

Mateo 9:36–38 (NVI)

«Al ver a las multitudes, tuvo compasión de ellas, porque estaban agobiadas y desamparadas, como ovejas sin pastor. "La cosecha es abundante, pero son pocos los obreros —les dijo a sus discípulos—. Pídanle, por tanto, al Señor de la cosecha que envíe obreros a su campo"».

Juan 10:14–15 (NVI)

«Yo soy el buen pastor; conozco a mis ovejas, y ellas me conocen a mí, así como el Padre me conoce a mí y yo lo conozco a él, y doy mi vida por las ovejas».

1 Pedro 5:2–4 (NVI)

«...cuiden como pastores el rebaño de Dios que está a su cargo, no por obligación ni por ambición de dinero, sino con afán de servir, como Dios quiere. No sean tiranos con los que están a su cuidado, sino sean ejemplos para el rebaño. Así, cuando aparezca el Pastor supremo, ustedes recibirán la inmarcesible corona de gloria».

Filipenses 2:1–5 (NVI)

«Por tanto, si sienten algún estímulo en su unión con Cristo, algún consuelo en su amor, algún compañerismo en el Espíritu, algún afecto entrañable, llénenme de alegría teniendo un mismo parecer, un mismo amor, unidos en alma y pensamiento. No hagan nada por egoísmo o vanidad; más bien, con humildad consideren a los demás como superiores a ustedes mismos. Cada uno debe velar no sólo por sus propios intereses sino también por los intereses de los demás. La actitud de ustedes debe ser como la de Cristo Jesús».

Hebreos 10:23–25 (NVI)

«Mantengamos firme la esperanza que profesamos, porque fiel es el que hizo la promesa. Preocupémonos los unos por los otros, a fin de estimularnos al amor y a las buenas obras. No dejemos de congregarnos, como acostumbran hacerlo algunos, sino animémonos unos a otros, y con mayor razón ahora que vemos que aquel día se acerca».

1 Tesalonicenses 2:7–8, 11–12 (NVI)

«Aunque como apóstoles de Cristo hubiéramos podido ser exigentes con ustedes, los tratamos con delicadeza. Como una madre que amamanta y cuida a sus hijos, así nosotros, por el cariño que les tenemos, nos deleitamos en compartir con ustedes no sólo el evangelio de Dios sino también nuestra vida. ¡Tanto llegamos a quererlos ... Saben también que a cada uno de ustedes lo hemos tratado como trata un padre a sus propios hijos. Los hemos animado, consolado y exhortado a llevar una vida digna de Dios, que los llama a su reino y a su gloria».

Preguntas Frecuentes

¿Durante cuánto tiempo se reunirá este grupo?

Este estudio consta de seis lecciones. Les recomendamos añadir una reunión más para celebrar. Al llegar a la última lección, el grupo resolverá si se seguirá reuniendo o no para continuar con otro estudio. En ese momento pueden evaluar cómo ha resultado el grupo, discutir las **Reglas Generales para el Grupo Pequeño** (ver página 70), y elegir el material que estudiarán después. Recomendamos que visiten **www.RecursosdeSaddleback.com** en nuestro sitio Web, para encontrar más información sobre los materiales disponibles en español.

¿Quién es el anfitrión?

El anfitrión es la persona que coordina y lleva a cabo las reuniones del grupo. Además del anfitrión, es bueno que haya una o dos personas más que puedan moderar la discusión de los temas. Hay otras responsabilidades dentro del grupo que pueden rotarse entre los miembros, como por ejemplo: servir la merienda, leer las peticiones de oración, dirigir la alabanza o llamar a quienes hayan faltado a una de las reuniones. Los participantes crecen cuando sienten al grupo como una responsabilidad propia.

¿Dónde conseguimos miembros para el grupo?

Reclutar nuevos miembros puede resultar difícil para algunos grupos, especialmente los grupos nuevos con pocas personas. También puede ser complicado para aquellos grupos que han perdido algunos de sus miembros por distintos motivos. Sugerimos el uso del diagrama llamado **Los Círculos de la Vida** en la página 69. El mismo permite elaborar una lista formada por compañeros de trabajo, iglesia, escuela, barrio, familia, etc. Luego, se debe orar por todas las listas de cada uno de los miembros, quienes deberían comenzar a invitar a las personas de sus listas. Algunos grupos temen que las personas nuevas alteren la intimidad o el clima que el grupo ha desarrollado. Sin embargo, aquellos grupos abiertos a nuevas personas, descubren que ganan mucho más con la inyección de sangre nueva. Recuerda que una persona nueva puede llegar a ser tu nuevo amigo en la eternidad. Cada grupo tiene diferentes maneras de conseguir nuevos participantes. Algunos están permanentemente abiertos, mientras que otros se abren de forma periódica (al principio y al final de cada estudio).

¿PARA QUÉ ESTOY AQUÍ EN LA TIERRA?

Si tu grupo se hace demasiado grande, de tal modo que las conversaciones cara a cara se dificulten, puedes formar subgrupos que se reúnan en habitaciones distintas.

¿Cómo resolvemos la necesidad del cuidado de niños en nuestro grupo?

El cuidado de niños debe manejarse con cuidado. Es un tema muy delicado. Sugerimos que el grupo busque soluciones creativas. Una solución común es hacer que los adultos se reúnan en una habitación de la casa y los niños en otra; bajo la supervisión de alguien cuyos honorarios serán pagados por todos. Otra solución común es que los niños se reúnan en otra casa (cercana a la que se reúnen los adultos). Si lo desean, los adultos pueden turnarse en el cuidado de los niños o contratar a alguien que lo haga. También pueden enseñarles una lección a los niños. Esta opción es muy buena para niños en edad escolar y puede ser de gran bendición para las familias.

Los Círculos de la Vida

Conexiones del Grupo Pequeño

Descubre con quién te puedes conectar en tu comunidad

Usa esta gráfica para poner en práctica uno de los valores contenidos en las **Reglas Generales para el Grupo Pequeño;** es decir la «Bienvenida a los nuevos».

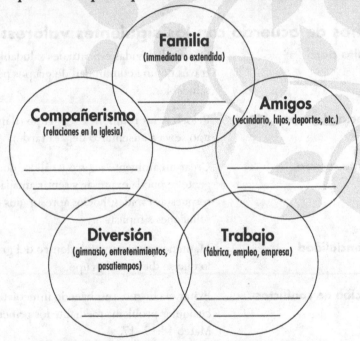

Sigue este proceso simple de tres pasos:

1. Pon el nombre de una o dos personas en cada círculo.

2. Ora para elegir una o dos personas de todos tus círculos y comunícale tu elección al resto de grupo.

3. Llama a esas personas e invítalas a la próxima reunión. Más del cincuenta por ciento de esos invitados dirán que «¡SÍ!».

Reglas Generales para el Grupo Pequeño

Es recomendable que todos los grupos expresen por escrito cuáles son los valores y las expectativas que comparten, así como los compromisos que asumen. Estas reglas generales ayudarán a evitar la existencia de agendas ocultas y expectativas insatisfechas. Sugerimos que estas reglas sean discutidas en la primera reunión, a fin de poner el fundamento para tener un grupo saludable. Cada grupo tiene la libertad de modificar cualquiera de las pautas mencionadas aquí, ajustándolas a sus necesidades específicas.

Estamos de acuerdo con los siguientes valores:

Propósito claro
Desarrollar vidas espirituales saludables a través de una comunidad de grupos pequeños saludables.

Asistencia al grupo
Priorizar las reuniones del grupo (llamar si uno se va a ausentar o llegará tarde).

Ambiente seguro
Crear un ambiente seguro y cálido, donde la gente se pueda expresar y sentir amada (sin respuestas rápidas, juicios apresurados o soluciones simplistas).

Confidencialidad
Mantener estrictamente dentro del grupo todo lo que se dice en el grupo.

Resolución de conflictos
Evitar el chisme, resolviendo inmediatamente cualquier problema mediante los principios de Mateo 18:15–17.

Salud espiritual
Dar permiso a todos los miembros del grupo para hablar sobre cómo llevar una vida espiritual más equilibrada y saludable, que agrade a Dios.

Limitar nuestra libertad   Limitar nuestra libertad, absteniéndonos de servir bebidas alcohólicas durante las reuniones del grupo y en otras ocasiones, a fin de no hacer tropezar a un hermano o hermana más débil (1 Corintios 8:1–13; Romanos 14:19–21).

Bienvenida a los nuevos   Invitar a amigos que puedan ser bendecidos por el estudio, recibiendo a las personas nuevas con afecto.

Edificar relaciones   Conocernos unos a otros y orar unos por otros regularmente.

Otras   _____

_____

_____

_____

También nos hemos puesto de acuerdo sobre los siguientes temas:

Cuidado de Niños   _____

Hora de Inicio   _____

Hora de Cierre   _____

Si todavía no lo has hecho, completa el **Calendario del Grupo Pequeño** en la página 73.

Reporte de Oración y Alabanza del Grupo Pequeño

Aquí puedes escribir las peticiones de oración de todo el grupo. También puedes anotar las respuestas del Señor. Oren los unos por los otros. Si eres nuevo y nunca has orado en voz alta, puedes hacerlo en silencio o solo diciendo una oración así:

«Señor, te pido por _____ para _____».

FECHA	PERSONA	PETICIÓN DE ORACIÓN	REPORTE DE ALABANZA

Calendario del Grupo Pequeño

Los grupos saludables comparten responsabilidades. Desarrollar esta actitud puede llevar un tiempo. Cuando todos los miembros consideran al grupo como propio, las responsabilidades no recaen sobre una sola persona. Usa el calendario para mantenerte al tanto de acontecimientos sociales, proyectos misioneros, cumpleaños, o días en los que no habrá reunión. Completa este calendario el primer o segundo día de reunión. La planificación aumenta la asistencia y distribuye responsabilidades.

FECHA	LECCIÓN	LUGAR	FACILITADOR	COMIDA
	Sesión 1			
	Sesión 2			
	Sesión 3			
	Sesión 4			
	Sesión 5			
	Sesión 6			

Evaluación con Propósito de la Salud Espiritual

Cómo funciona la Evaluación

La **Evaluación con Propósito de la Salud Espiritual** ha sido diseñada para ayudarte a evaluar el equilibrio de los cinco propósitos en tu vida e identificar tus fortalezas y debilidades. La evaluación consiste en 35 afirmaciones que están ligadas a los cinco propósitos.

Instrucciones

1. Evalúate en cada una de las afirmaciones, usando una escala de 0 a 5. Cero significa que la afirmación no concuerda contigo y cinco, que se identifica plenamente contigo.

2. Después de evaluar cada afirmación, cuenta los resultados y transfiérelos a la tabla de puntuación en esta página. Luego, suma los números en cada columna a fin de obtener tu puntaje en cada uno de los propósitos.

3. Busca el **Plan con Propósito de la Salud Espiritual** en la página 77, para más información.

Mi Evaluación de Salud Espiritual

ADORACIÓN	COMPAÑERISMO	DISCIPULADO	MINISTERIO	EVANGELISMO
1. ____	2. ____	3. ____	4. ____	5. ____
6. ____	7. ____	8. ____	9. ____	10. ____
11. ____	12. ____	13. ____	14. ____	15. ____
16. ____	17. ____	18. ____	19. ____	20. ____
21. ____	22. ____	23. ____	24. ____	25. ____
26. ____	27. ____	28. ____	29. ____	30. ____
31. ____	32. ____	33. ____	34. ____	35. ____
☐	☐	☐	☐	☐

Evaluación de la Salud Espiritual

	No Me Describe	Me Describe Un Poco			Me Describe Muy Bien
1. La prioridad más alta de mi vida es agradar a Dios. 0		1	2	3	4 5
2. Soy genuino, abierto y honesto respecto a quien soy con otros. 0		1	2	3	4 5
3. Confieso rápidamente cualquier cosa en mí, que no 0		1	2	3	4 5
refleje a Cristo.					
4. A menudo pienso en cómo usar mi tiempo para servir a Dios. 0		1	2	3	4 5
5. Me siento responsable de compartir mi fe con aquellos 0		1	2	3	4 5
que no conocen a Jesús.					
6. Dependo de Dios en cada aspecto de mi vida. 0		1	2	3	4 5
7. Uso mi tiempo y recursos para suplir las necesidades de otros. 0		1	2	3	4 5
8. El uso de mi tiempo y dinero muestra que pienso más en Dios. 0		1	2	3	4 5
y en otros que en mí mismo.					
9. Estoy sirviendo a Dios con los dones y pasiones que me ha dado. 0		1	2	3	4 5
10. Busco oportunidades de hacer relaciones con aquellos 0		1	2	3	4 5
que no conocen a Jesús.					
11. No hay nada en mi vida que no haya rendido a (dejado 0		1	2	3	4 5
atrás por) Dios.					
12. Tengo una conexión profunda y significativa con otros en la iglesia. 0		1	2	3	4 5
13. Permito que Dios guíe mis pensamientos y cambie mi conducta. 0		1	2	3	4 5
14. Reflexiono a menudo sobre cómo puedo impactar mi vida 0		1	2	3	4 5
en el reino de Dios.					
15. Oro regularmente por quienes no conocen a Cristo. 0		1	2	3	4 5
16. Medito regularmente en la Palabra de Dios y le invito a Él. 0		1	2	3	4 5
a participar en mi vida cotidiana.					
17. No me cuesta que alguien que me conoce me diga la verdad. 0		1	2	3	4 5
18. Puedo alabar a Dios en tiempos difíciles, viéndolos como una 0		1	2	3	4 5
oportunidad de crecer.					
19. Pienso a menudo en como usar mi F.O.R.M.A. 0		1	2	3	4 5
para agradar a Dios.					
20. Tengo confianza en mi habilidad de testificar de Cristo. 0		1	2	3	4 5
21. Deseo profundamente estar en la presencia de Dios y pasar tiempo con Él. 0		1	2	3	4 5
22. Me reúno regularmente con otros cristianos con propósitos 0		1	2	3	4 5
de compañerismo y mutua rendición de cuentas.					

	No Me Describe	Me Describe Un Poco			Me Describe Muy Bien

23. Me doy cuenta de que tomo decisiones que me hacen crecer 0 1 2 3 4 5
cuando soy tentado a hacer lo malo.

24. Disfruto satisfaciendo las necesidades de otros, sin esperar nada a cambio 0 1 2 3 4 5

25. Me apasiona hablar de las Buenas Nuevas con 0 1 2 3 4 5
aquellos que nunca las han escuchado.

26. Soy la misma persona en público que en privado. 0 1 2 3 4 5

27. No tengo situaciones no resueltas en mis relaciones personales. 0 1 2 3 4 5

28. La oración ha cambiado mi forma de pensar e interactuar 0 1 2 3 4 5
con el mundo.

29. Las personas más cercanas a mí dicen que mi vida refleja 0 1 2 3 4 5
el principio: es mejor dar que recibir.

30. Mi relación con Jesús surge con frecuencia en conversaciones 0 1 2 3 4 5
con aquellos que no conocen a Cristo.

31. Tengo una tremenda sensación de las maravillas de Dios, ... 0 1 2 3 4 5
aun cuando no siento Su presencia.

32. No hay nada en la manera en que hablo o actúo respecto a otros 0 1 2 3 4 5
que no estaría dispuesto a discutir con ellos en persona.

33. Tengo la actitud constante de adquirir hábitos que me ayuden 0 1 2 3 4 5
a parecerme más a Cristo.

34. Reconozco mis debilidades y las veo como oportunidades 0 1 2 3 4 5
para ministrar a otros.

35. Estoy dispuesto a ir donde Dios me llame para hablar de mi fe 0 1 2 3 4 5

Plan con Propósito de la Salud Espiritual

Después de completar la **Evaluación con Propósito de la Salud Espiritual**, enfócate en las áreas donde sientas que debes crecer y completa este **Plan con Propósito de la Salud Espiritual**. Completa las posibles ideas para desarrollar tu vida espiritual en cada área; luego, transforma esas posibilidades en pasos concretos que determinarás cumplir para crecer en cada propósito.

PROPÓSITOS	POSIBILIDADES	PLANES (Pasos Estratégicos)
ADORACIÓN ¿Cómo vivo para agradar a Dios? • Asistir regularmente a la iglesia • Escuchar material de adoración y meditación espiritual • Salud y balance personal		
COMPAÑERISMO ¿Cómo puedo profundizar mi relación con otros? • Familia/amigos • Relaciones/desarrollo emocional • La comunidad del grupo pequeño		
DISCIPULADO ¿Cómo puedo llegar a ser como Cristo? • Disciplinas espirituales • Mayordomía financiera • Desarrollo del carácter		
MINISTERIO ¿Cómo puedo servir a Dios y a los demás? • Ministrar al cuerpo • Formar líderes • Entrenamiento continuo		
EVANGELISMO ¿Cómo puedo compartir mi fe regularmente? • Mi misión en el mundo • Buscar constantemente amigos/familia/trabajo/vecinos		

Perfil con Propósito F.O.R.M.A.

Formación Espiritual

El primer factor clave descubriendo tu F.O.R.M.A. es exponer tus dones espirituales. Revisa esta pequeña lista de dones espirituales en 1 Corintios 12, Efesios 4 y Romanos 12. A medida que vas leyendo la lista, pon una marca al lado de cualquier definición que te describa.* (Puedes tener más de un don, y toda persona tiene al menos uno.)

☐ **Administración:** La habilidad de organizar, y administrar gente, recursos y tiempo.

☐ **Apóstol:** La habilidad para detectar y aprovechar las oportunidades de comenzar nuevas iglesias y supervisar su desarrollo.

☐ **Discernimiento:** La habilidad de distinguir entre el espíritu de verdad y el espíritu de error.

☐ **Exhortación:** La habilidad de fortalecer a las personas en su fe y motivarlas a la acción.

☐ **Evangelismo:** La habilidad de predicar el evangelio de tal manera que los oyentes responden con arrepentimiento para salvación.

☐ **Fe:** La habilidad de confiar y obedecer a Dios sin importar las circunstancias, las apariencias o los riesgos.

☐ **Dar:** La habilidad de contribuir generosamente con personas en necesidad.

☐ **Sanidad:** La habilidad para ministrar el poder sanador de Jesús a personas que están física, emocional, psicológica o espiritualmente heridas.

☐ **Hospitalidad:** La habilidad para hacer sentir a las personas bienvenidas y fomentar el compañerismo bíblico.

☐ **Liderazgo:** La habilidad de comunicar una visión y motivar a otros a alcanzar una meta.

☐ **Misericordia:** La habilidad de manifestar el amor de manera práctica, compasiva y alegre a las personas que sufren.

☐ **Milagros:** La habilidad de ser usado por Dios para realizar actos poderosos que lo glorifiquen y afirmen la verdad y el poder de la Palabra de Dios.

*Algunas Iglesias definen estos dones de forma diferente.

☐ **Pastor:** La habilidad de fomentar el crecimiento espiritual en los creyentes y equiparlos para el ministerio.

☐ **Predicar/Profecía:** La habilidad de declarar públicamente y de manera persuasiva la voluntad de Dios a través de su Palabra.

☐ **Servicio:** La habilidad de reconocer y satisfacer las necesidades de manera práctica, alegremente y de forma anónima.

☐ **Enseñanza:** La habilidad de explicar y aplicar las verdades bíblicas; la habilidad de entrenar a otros para el ministerio.

☐ **Orar en el Espíritu:** La habilidad de orar en un lenguaje que es entendido solo por Dios o por alguien a quien se le ha dado el don de interpretación en ese momento.

☐ **Sabiduría:** La habilidad de entender la perspectiva de Dios en situaciones de la vida y poder comunicarla a otros en ideas simples y claras.

¿Tienes alguna idea de cuáles dones espirituales podrían ser?

_____

Oportunidades

El segundo factor clave en el descubrimiento de tu F.O.R.M.A. es escuchar tu corazón. Tu corazón te dice lo que te apasiona, y tus pasiones son pistas sobre dónde debes servir. ¿Qué te apasiona hacer?

Un rol (lo que te gustaría hacer) _____

_____

Un grupo de personas (a quien te gustaría ayudar) _____

_____

Una causa (que te gustaría haber cambiado o apoyado) _____

_____

¿Cómo puedes usar tus pasiones e intereses dados por Dios para servir a los demás con eficacia?

_____

¿PARA QUÉ ESTOY AQUÍ EN LA TIERRA?

Recursos

El tercer factor clave en el descubrimiento de tu F.O.R.M.A. es aplicar tus habilidades. Aquí solo hay un poco de las habilidades dadas por Dios. Mira si puedes encontrar cualquiera de las tuyas en esta lista. Puedes agregar más en las casillas en blanco.

conversar	escribir	habilidades artísticas	arquitectura	ingeniería
matemáticas	pastelería	entrenar	administración	coser
jardinería	atletismo	inventar	carpintería	ideas creativas
escultura	vender	hablar en público	sastrería	debate
reclutar	organizar	motivar	componer música	teclear
arreglar cosas	hospedar	resolver problemas	cuidar animales	escuchar
enseñar	actuar	invertir dinero	arreglos florales	cocinar
mecánica	negociar	decorar	lingüísticas	video

otra	otra	otra	otra	otra

Dios iguala tu ministerio con tus capacidades. ¿Cómo podría Dios usar tus capacidades para el ministerio?

_____

_____

Mi Personalidad

El cuarto factor clave en el descubrimiento de tu F.O.R.M.A. es tu personalidad. Tu personalidad afectará cómo y dónde usar tus dones y habilidades. Aquí están algunos rasgos de la personalidad dados por Dios.

1 . . . . 2 . . . . 3 . . . . 4 5
Introvertido   Extrovertido
(Gano energía en la reflexión tranquila)   (Gano energía en la interacción)

1 . . . . 2 . . . . 3 . . . . 4 5
Prefiero la rutina   Prefiero la variedad
(Me gusta hacer un proyecto a la vez)   (Me gusta hacer varios proyectos a la vez)

1 . . . . 2 . . . . 3 . . . . 4 5
Analítico   Arriesgado
(Analizo antes de decidir)   (Voy con mi instinto)

```
1 . . . . . . . . . . . . . 2 . . . . . . . . . . . . . . 3 . . . . . . . . . . . . . 4 . . . . . . . . . . 5
```
Trabajo solo   Trabajo en equipo
(Prefiero tareas individuales)   (Prefiero trabajar con un grupo)

```
1 . . . . . . . . . . . . . 2 . . . . . . . . . . . . . . 3 . . . . . . . . . . . . . 4 . . . . . . . . . . 5
```
Metódico   No Metódico
(Leo instrucciones antes de empezar una tarea)   (Empiezo una tarea y leo las
                                                      instrucciones solo en caso de
                                                      emergencia ... si puedo encontrarlas)

¿Cómo pueden estos rasgos de personalidad ayudarte a descubrir tu área de ministerio?

_____

_____

_____

Antecedentes

El quinto factor clave en el descubrimiento de tu F.O.R.M.A. son tus experiencias, tanto buenas como malas.

☐ **Experiencias Familiares:** ¿Qué aprendiste creciendo como parte de tu familia?

☐ **Experiencias Educativas:** ¿Cuáles eran tus materias favoritas en la escuela?

☐ **Experiencias Vocacionales:** ¿En qué empleos tú has sido más eficaz y has disfrutado más?

☐ **Experiencias Espirituales:** ¿Cuáles han sido tus momentos más significativos con Dios?

☐ **Experiencias Ministeriales:** ¿Cómo has servido a Dios en el pasado?

¿Qué lecciones positivas has aprendido a través de tus experiencias de vida que puedan dirigirte a tu área de ministerio?

_____

_____

_____

¿PARA QUÉ ESTOY AQUÍ EN LA TIERRA?

☐ Experiencias dolorosas: Dios nunca desperdicia una herida. Las personas son siempre más confortadas cuando compartimos cómo la gracia de Dios nos ayudó en nuestra debilidad, que cuando presumimos de nuestras fortalezas. ¿Qué harás con lo que tú has sufrido? ¿Qué lecciones has aprendido a través de pruebas, problemas y heridas? No desperdicies tu dolor; utilízalo para ayudar a otros.

¿Cómo Dios podría usar las experiencias dolorosas de tu vida para llevarte a tu ministerio?

_____

_____

_____

_____

Ahora que has completado tu perfil F.O.R.M.A., considera las siguientes dos preguntas:

☐ Uno de los mejores lugares para comenzar a servir en el Ministerio es en tu grupo pequeño. ¿Cómo puedes usar tu F.O.R.M.A. para servir en tu grupo?

_____

_____

_____

_____

☐ ¿Cómo puedes usar tu F.O.R.M.A. para servir en tu iglesia? Reúnete con los líderes de la iglesia para ver el siguiente paso que deberías dar en la búsqueda de tu área de servicio en tu iglesia.

_____

_____

_____

_____

Respuestas Claves

Sesión Uno

- Dios me creó para <u>AMARME</u>.
- Fui creado para <u>VIVIR ETERNAMENTE</u>.
- Encuentro mi propósito <u>EN DIOS</u>.

Sesión Dos

- Adoración es <u>MI RESPUESTA</u> al amor de Dios.
- Adoración es <u>DEVOLVERLE</u> a Dios.
- Adoración es <u>EXPRESARLE MI AFECTO</u> a Dios.
- Adoración es <u>ENFOCAR MI ATENCIÓN</u> en Dios.
- Adoración es <u>USAR MIS HABILIDADES</u> para Dios.

Sesión Tres

- La comunión de <u>COMPARTIR</u> juntos.
  - Comparte tus <u>EXPERIENCIAS</u>.
  - Comparte tu <u>APOYO</u>.
- La comunión de <u>PERTENECERSE</u> mutuamente.
- La comunión de <u>SERVIR</u> juntos.
- La comunión de <u>SUFRIR</u> juntos.

Sesión Cuatro

- Dios usa los <u>PROBLEMAS</u> para enseñarnos a <u>CONFIAR</u> en Él.
- Cada <u>PROBLEMA</u> tiene un propósito.

- Dios usa la <u>TENTACIÓN</u> para enseñarnos a <u>OBEDECERLE</u> a Él.
- Dios usa las <u>OFENSAS</u> para enseñarnos a <u>PERDONAR</u>.
- Recuerda que Dios <u>TE HA PERDONADO</u>.
- Recuerda que Dios <u>ESTÁ EN CONTROL</u>.

Sesión Cinco

- Mi cuarto propósito en la vida es servir a Dios <u>SIRVIENDO A OTROS</u>.
- Servir como Jesús significa estar <u>DISPONIBLE</u>.
- Servir como Jesús significa estar <u>AGRADECIDO</u>.
- Servir como Jesús significa ser <u>FIEL</u>.
- Servir como Jesús significa ser <u>GENEROSO</u>.

Sesión Seis

- Dios espera que <u>TRAIGA</u> gente a Jesús.
- Dios espera que <u>VAYA</u> a la gente para Jesús.
- Lo hacemos porque es nuestra <u>RESPONSABILIDAD</u>.
- Lo hacemos porque nos han dado <u>AUTORIDAD</u>.
- Lo hacemos porque es lo <u>INEVITABLE</u> de la historia.

Los Cinco Gigantes Globales	**El Plan PEACE**
<u>VACÍO ESPIRITUAL</u>	<u>P</u>LANTAR IGLESIAS
<u>LIDERAZGO EGOCÉNTRICO</u>	<u>E</u>QUIPAR LÍDERES
<u>POBREZA</u>	<u>A</u>SISTIR A LOS POBRES
<u>ENFERMEDAD</u>	<u>C</u>UIDAR A LOS ENFERMOS
<u>ANALFABETISMO</u>	<u>E</u>DUCAR A LA PRÓXIMA GENERACIÓN

Plan de Lecturas Diarias

SEMANA 1: ¿PARA QUÉ ESTOY EN LA TIERRA? (Introducción) **FECHA**

- [ ] Día 1 Todo Comienza con Dios
- [ ] Día 2 No Eres un Accidente
- [ ] Día 3 ¿Qué Guía Tu Vida?
- [ ] Día 4 Creados para Vivir por Siempre
- [ ] Día 5 La Vida desde la Perspectiva de Dios
- [ ] Día 6 La Vida es una Asignación Temporal
- [ ] Día 7 El Porqué de Todo

SEMANA 2: PLANEADO PARA AGRADAR A DIOS (Adoración)

- [ ] Día 8   Planeado para Agradar a Dios
- [ ] Día 9   ¿Qué hace Sonreír a Dios?
- [ ] Día 10 El Corazón de la Adoración
- [ ] Día 11 Hagámonos los Mejores Amigos de Dios
- [ ] Día 12 Desarrolla Tu Amistad con Dios
- [ ] Día 13 La Adoración que Agrada a Dios
- [ ] Día 14 Cuando Dios Parece Distante

SEMANA 3: FUISTE HECHO PARA LA FAMILIA DE DIOS (Compañerismo)

- [ ] Día 15 Hecho para la Familia de Dios
- [ ] Día 16 Lo que más Importa
- [ ] Día 17 Un Lugar al cual Pertenecer
- [ ] Día 18 Viviendo la Vida Juntos
- [ ] Día 19 Cultiva la Vida en Comunidad
- [ ] Día 20 Restaura el Compañerismo
- [ ] Día 21 Cuida Tu Iglesia

SEMANA 4: FUISTE CREADO PARA SER COMO CRISTO (Discipulado)   **FECHA**

☐ Día 22   Creado Para ser como Cristo   _____

☐ Día 23   Cómo Crecemos   _____

☐ Día 24   Transformados por la Verdad   _____

☐ Día 25   Transformados por los Problemas   _____

☐ Día 26   Crecimiento a Través de la Tentación   _____

☐ Día 27   Cómo Derrotar la Tentación   _____

☐ Día 28   Requiere Tiempo   _____

SEMANA 5: FUISTE FORMADO PARA SERVIR A DIOS (Ministerio)

☐ Día 29   Acepta Tu Asignación   _____

☐ Día 30   Formado para Servir a Dios   _____

☐ Día 31   Entiende Tu F.O.R.M.A.   _____

☐ Día 32   Usa lo que Dios te ha Dado   _____

☐ Día 33   Cómo Actúan los Verdaderos Siervos   _____

☐ Día 34   Mentalidad de Siervo   _____

☐ Día 35   El Poder de Dios en tu Debilidad   _____

SEMANA 6: FUISTE HECHO PARA UNA MISIÓN (Evangelismo)

☐ Día 36   Hecho para una Misión   _____

☐ Día 37   Comparte el Mensaje De Tu Vida   _____

☐ Día 38   Conviértete en un Cristiano de Clase Mundial   _____

☐ Día 39   Equilibra Tu Vida   _____

☐ Día 40   Vive con Propósito   _____

☐ Día 41   La Trampa de la Envidia   _____

☐ Día 42   La Trampa de Complacer a la Gente   _____

Directorio del Grupo Pequeño

NOMBRE	TELÉFONO	CORREO ELECTRÓNICO
1.		
2.		
3.		
4.		
5.		
6.		
7.		
8.		
9.		
10.		
11.		
12.		
13.		
14.		
15.		

Una Vida con Propósito: ¿Para Qué Estoy Aquí en la Tierra?

Introduciendo la 10ª edición de aniversario del libro #1 en ventas en Inglés, *Una Vida con Propósito*. Este viaje espiritual transformará tu respuesta a la pregunta más importante de la vida:
¿Para qué estoy aquí en la tierra?

Ganador del Premio Libro Medalla de Oro y el Premio Libro Cristiano del Año.

40 Días en la Palabra

¡Revive y fortalece tu pasión por la Palabra de Dios! El DVD y la Guía de Estudio de *40 Días en la Palabra*, del Pastor Rick Warren, son un recurso esencial que lleva a los participantes, a través de los seis métodos fáciles de aprender, a Amar la Palabra, Aprender la Palabra y Vivir la Palabra.

Estas enseñanzas del Pastor Rick Warren te guiarán a ti y a tu grupo pequeño a través de lo que significa ¡no ser solo «oidores» de la Palabra, sino «hacedores» de la Palabra!

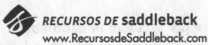

RECURSOS DE saddleback
www.RecursosdeSaddleback.com

Fundamentos

Fundamentos, ganador del Premio Medalla de Oro, es un recurso completo con enseñanzas esenciales de las doctrinas de la fe cristiana, proveyendo la base teológica para vivir una vida con propósito.

Muchos cristianos viven hoy sus vidas, planean sus horarios y usan sus recursos completamente desconectados de lo que ellos creen. Esta desconexión espiritual es lo que causa mucho estrés y la gran mayoría de los problemas en sus vidas. *Fundamentos* es un fresco e innovador currículo sobre las verdades esenciales de la fe cristiana y cómo estas verdades son para vivirlas afuera: en tus relaciones personales, tu carácter y tu trabajo. En lugar de solo enseñar el conocimiento doctrinal, este curso te muestra cómo aplicar las verdades bíblicas e implementarlas en la vida diaria.

Administración de la Vida

¿Cómo ves tu vida? ¿Cómo sacas el mayor provecho posible de lo que Dios te ha dado? Tu forma de ver la vida dará forma a tu vida. Tu perspectiva de la vida influirá en la manera en que inviertas tu tiempo y tu dinero; en que uses tus talentos, valores tus relaciones y hasta en la forma en que enfrentes los problemas. En este estudio de seis lecciones para grupos pequeños aprenderás a ver tu vida desde la perspectiva de Dios, y a adorar a Dios a través del manejo de tu vida para Su gloria.

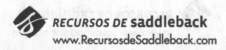